ELKE SELKE

GEHÄKELTE GARDINEN 7

FOTOGRAFIE: KARSTEN SELKE

© 2022 Elke Selke
Verlag: BoD · Books on Demand GmbH, Überseering 33,
22297 Hamburg, bod@bod.de
Druck: Libri Plureos GmbH, Friedensallee 273, 22763 Hamburg
ISBN: 978-3-7568-2939-2

Bibliografische Information der Deutschen Nationalbibliothek
Die Deutsche Nationalbibliothek verzeichnet diese Publikation in
der Deutschen Nationalbibliografie; detaillierte bibliografische
Daten sind im Internet über www.dnb.de abrufbar.

Inhalt:

Liebe Leserinnen und Leser,

Häkeln ist beliebt bei Jung und Alt. Die mehr als einhundert Jahren alte Handarbeitstechnik ist leicht zu erlernen und macht viel Spaß.

In diesem Buch finden Sie zauberhafte Gardinen in Filethäkelei mit ausführlichen Anleitungen und Musterzeichnungen. Darunter sind Gardinen mit geometrischen und floralen Mustern, Tiermotiven, sowie niedliche Modelle für das Kinderzimmer und noch mehr. Für jeden ist etwas dabei. Wählen Sie Ihr Lieblingsmodell!

Ich wünsche Ihnen viel Freude beim Häkeln!

Ihre Elke Selke

Bevor Sie beginnen ...

Für das Gelingen der Häkelarbeit spielt die Qualität des Materials eine sehr große Rolle. Bitte bedenken Sie bei der Auswahl des Garnes, dass eine Handarbeit, die in jedem Fall viel Zeit in Anspruch nimmt, auch für viele Jahre ihre Schönheit behalten soll. Daher ist es sehr wichtig, hochwertiges Garn zu wählen. Lassen Sie sich vom Händler beraten oder nutzen Sie die Telefonhotlines der Hersteller.

Häkelgarne gibt es nicht nur in verschiedenen Farben und Qualitäten, sondern auch in verschiedenen Stärken. Für Gardinen empfehle ich die Stärke 10 (LL 285 m/50g). Die meisten Gardinen dieses Buches sind in dieser Stärke gearbeitet.

Wichtig ist auch die Wahl einer geeigneten Häkelnadel. Diese muss auf die Stärke des Garnes abgestimmt sein. Sie finden auf den Banderolen des Häkelgarns Angaben zur empfohlenen Größe der Häkelnadel. Auch die Häkelnadel sollte von guter Qualität sein. Eine Häkelnadel, die nicht gut verarbeitet ist, die beim Häkeln hakt oder nicht gut in der Hand liegt, wird Ihnen keine Freude bereiten. Ob Sie eine Häkelnadel aus Metall, Holz, Bambus oder Kunststoff wählen, ist Ihrem Empfinden überlassen. Probieren Sie die Nadeln am besten vor dem Kauf aus.

Bei jeder Gardine habe ich Maße angegeben, die als Orientierung dienen sollen. Auch bei Verwendung des gleichen Garns und einer Häkelnadel in der gleichen Stärke können Abweichungen auftreten. Ob Sie fest oder eher locker häkeln und wie die Gardine nach Fertigstellung gespannt wird, das alles hat Einfluss auf die endgültige Größe der Arbeit.
Die Größenangaben beziehen sich immer auf die Größe der gespannten Gardine.

Sie finden bei jedem Modell auch Hinweise zur möglichen Veränderung der Größe der Gardine. Einige Gardinen können um ganze Mustersätze reduziert oder erweitert werden, andere lassen sich durch Einfügen oder Entfernen von Filetreihen an die gewünschte Fenstergröße anpassen. Häkeln Sie vor Beginn der Arbeit eine kleine Musterprobe, um die Größe hochrechnen zu können. Hierzu empfehle ich, ein Quadrat aus 10 Kästchen in Höhe und Breite mit dem Garn und der Häkelnadel, die Sie für die Gardine verwenden wollen, zu häkeln. Aus der Größe des Quadrates können Sie die Größe des fertigen Modells berechnen.

Ganz wichtig für ein optimales Erscheinungsbild einer Häkelarbeit ist das Spannen. Der Fachhandel bietet eine große Auswahl an Spannrahmen, Spannunterlagen und Spannvorrichtungen. Ich habe für die Modelle des Buches die Hilfe einer professionellen Gardinenspannerei in Anspruch genommen, die ich sehr empfehlen kann:

Gardinen- und Deckenspannerei, K. Schernich, Hauptstr. 32, 96193 Wachenroth, Tel. 09548/8069.

Die Filethäkelei

Die Filethäkelei ist eine schnell zu erlernende Häkeltechnik. Wenn Sie das Häkeln von Luftmaschen, Stäbchen und Kettmaschen beherrschen, dann können Sie bereits alle Modelle des Buches nacharbeiten.

Den Beginn bildet eine Luftmaschenkette (Abb. 1/ Seite 12). Die benötigte Anzahl Luftmaschen ist bei jedem Modell vermerkt. Dann werden Hin- und Herreihen gearbeitet. Das erste Stäbchen wird dabei durch drei Wendeluftmaschen ersetzt. (Abb. 2/ Seite 12)

Die Filethäkelei ist eine Kombination aus leeren und gefüllten Kästchen. Ein leeres Kästchen besteht aus einem Stäbchen und zwei Luftmaschen, ein gefülltes Kästchen besteht aus drei Stäbchen. Durch das Aneinanderfügen gefüllter Kästchen werden Motive gestaltet.

Wenn leere Kästchen auf leere Kästchen gehäkelt werden, müssen die Stäbchen in die Stäbchen der Vorreihe gearbeitet werden. Wenn volle Kästchen auf volle Kästchen gehäkelt werden, werden alle Stäbchen in die Stäbchen der Vorreihe gearbeitet. Wenn volle Kästchen auf leere Kästchen gehäkelt werden, wird ein Stäbchen in das Stäbchen und zwei weitere Stäbchen um die Luftmaschen der Vorreihe gearbeitet. Wenn leere Kästchen auf volle Kästchen gehäkelt werden, dann wird ein Stäbchen in das Stäbchen der Vorreihe gearbeitet und die beiden folgenden Stäbchen werden durch zwei Luftmaschen ersetzt.

Zunahmen: Bei den Gardinen mit Zickzack- oder Spitzenrändern sind Zunahmen erforderlich. Wenn ein Kästchen am Reihen-anfang zugenommen werden soll, werden am Anfang 6 Luftmaschen gehäkelt, die ersten vier ersetzen das erste Stäbchen, in die 5. und 6. Luftmasche wird jeweils ein Stäbchen gearbeitet, das nächste Stäbchen wird in das letzte Stäbchen der Vorreihe gehäkelt.
Für das Zunehmen eines Kästchens am Reihenende müssen drei Doppelstäbchen gehäkelt werden. Die Einstichstelle des ersten ist die Einstichstelle des letzten Stäbchens. Die beiden weiteren Doppelstäbchen werden in das erste Abmaschglied des vorigen Doppelstäbchens eingestochen. Wenn mehrere Kästchen zugenommen werden sollen, verfahren Sie entsprechend.

Abnahmen: Um Kästchen am Reihenanfang abzunehmen, häkeln Sie eine Wendeluftmasche und Kettmaschen in jedes Stäbchen bzw. jede Luftmasche der Vorreihe, bis Sie an die gewünschte Stelle kommen. Um ein Kästchen abzunehmen, häkeln Sie also eine Wendeluftmasche und 2 Kettmaschen.
Das Abnehmen am Reihenende ist ganz einfach, Sie enden an der gewünschten Stelle und lassen die übrigen Kästchen unbehäkelt.

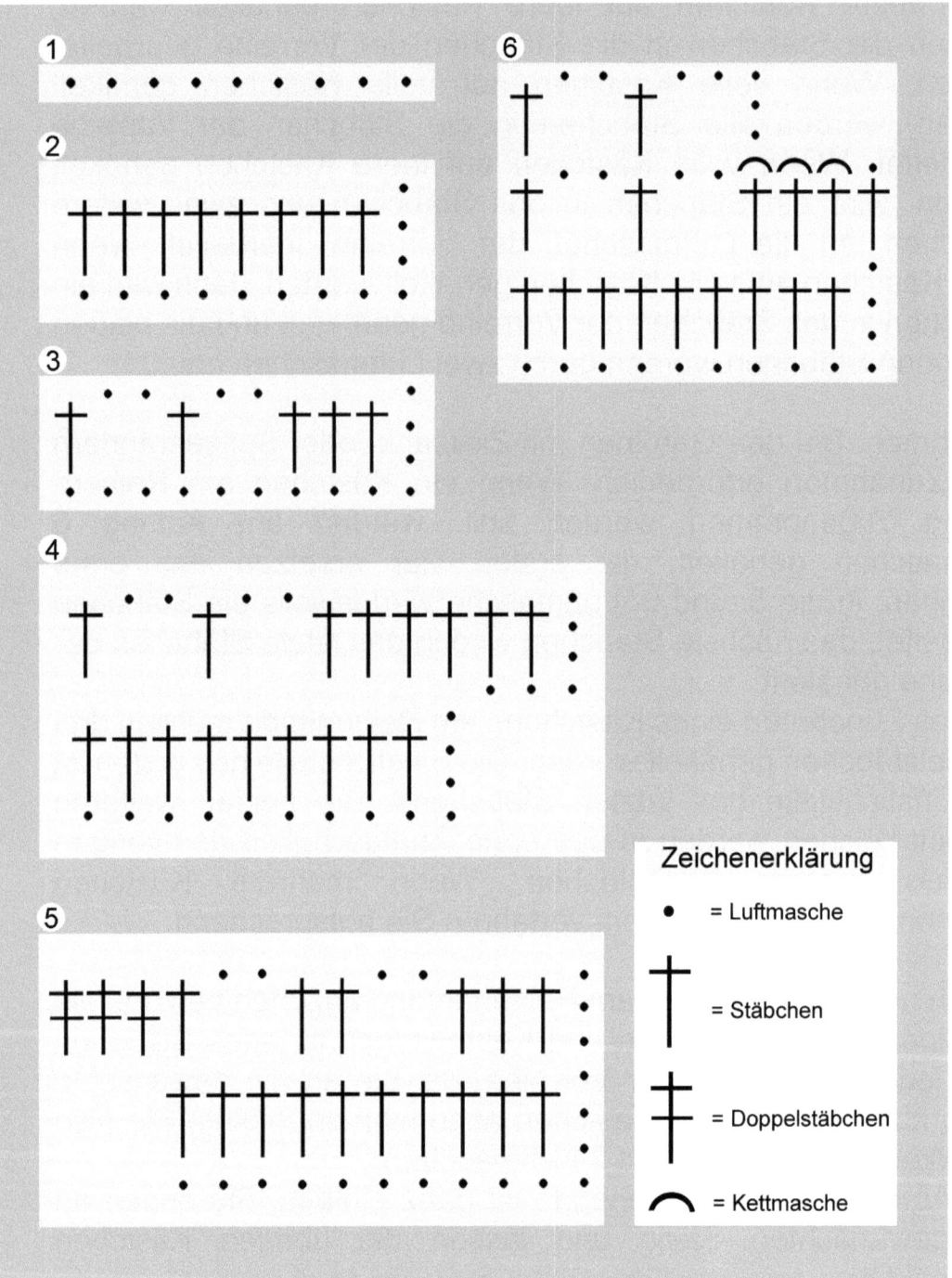

Die Randlösungen

Randlösung 1:
Dieser Randabschluss ist sehr einfach zu arbeiten, er bietet verschiedene Möglichkeiten der Aufhängung und kann problemlos für breitere Stangen abgewandelt werden. Über die letzten vier Kästchen werden ein volles Kästchen, 5 Luftmaschen über 2 Kästchen und wieder ein volles Abschlusskästchen gehäkelt. Diese Randlösung wird bei den meisten im Buch vorgestellten Gardinen verwendet und ist in der Musterzeichnung mit Randlösung 1 bezeichnet.

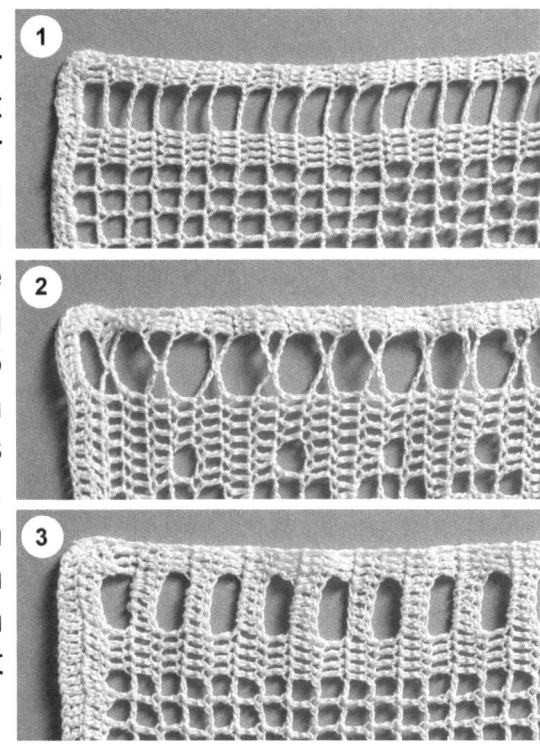

Randlösung 2: Die Randlösung 2 wird ähnlich der Randlösung 1 gearbeitet. Über die letzten 5 Kästchen werden ein volles Kästchen, 5 Luftmaschen über 2 Kästchen und wieder ein volles Abschlusskästchen gehäkelt. In der Rückreihe werden 1 volles Kästchen, 2 Luftmaschen, 1 feste Masche in die vorherige Luftmaschenreihe und wieder 2 Luftmaschen sowie ein volles Kästchen gearbeitet.

Randlösung 3: Für diese Randlösung werden über die letzten vier Kästchen in der Hinreihe vier volle Kästchen gearbeitet und in der Rückreihe ein volles Kästchen, 5 Luftmaschen über 2 Kästchen und wieder ein volles Abschlusskästchen.

Gardine mit Sternenblüten

Ganz einfach und doch sehr wirkungsvoll ist diese hübsche Kurzgardine. Mit dem geraden Rand ist dieses Modell perfekt für alle, die noch nicht viel Häkelerfahrung haben.

Breite x Höhe: 76 cm x 31 cm

Material: 100 Gramm Häkelgarn Stärke 10 in Weiß
                        1 Häkelnadel Nr. 1,25

Muster auf Seite 61 im Musterteil

Diese Gardine wird quer von links nach rechts gehäkelt. Sie beginnen mit einer Kette aus 122 Luftmaschen. Die ersten drei Luftmaschen bilden die Randluftmaschen, Sie häkeln das erste Stäbchen in die vierte Luftmasche und arbeiten insgesamt 36 gefüllte Kästchen.
Dann häkeln Sie der Musterzeichnung entsprechend weiter. Für den Stangendurchzug arbeiten Sie die Randlösung 1 (Lehrgang Filethäkelei).

Die fertige Gardine spannen, anfeuchten und trocknen lassen.

Tipp: Durch Einfügen oder Weglassen einzelner Mustersätze können Sie die Gardine perfekt an Ihr Fenster anpassen.

Tulpen passen immer

Begrüßen Sie den Frühling mit dieser reizenden Tulpengardine.

Breite x Höhe:	70 cm x 39 cm
Material:	100 Gramm Häkelgarn Stärke 10 in Weiß 1 Häkelnadel Nr. 1,25

Muster auf Seite 58 im Musterteil

Diese Gardine wird quer von links nach rechts gehäkelt. Sie beginnen mit einer Kette aus 106 Luftmaschen. Die ersten drei Luftmaschen bilden die Randluftmaschen, Sie häkeln das erste Stäbchen in die vierte Luftmasche und arbeiten insgesamt 34 gefüllte Kästchen. Dann häkeln Sie der Musterzeichnung entsprechend weiter. Die Bögen am unteren Rand bilden sich durch Zu- und Abnahmen. Das Vorgehen ist im Lehrgang Filethäkelei zu Beginn des Buches beschrieben. Für den Stangendurchzug arbeiten Sie die Randlösung 1 (Lehrgang Filethäkelei).

Die fertige Gardine spannen, anfeuchten und trocknen lassen.

Tipp: Die Breite lässt sich durch das Einfügen weiterer Mustersätze ganz einfach verändern.

Luftig leicht

Das Häkeln dieser Gardine ist nicht schwer und aufgrund der vielen leeren Kästchen braucht es nicht so viel Zeit. Ein echtes Anfängermodell!

Breite x Höhe: 70 cm x 67 cm

Material: 150 Gramm Häkelgarn Stärke 10 in Weiß
                         1 Häkelnadel Nr. 1,25

Muster auf Seite 52 im Musterteil

Diese Gardine wird quer von links nach rechts gehäkelt. Sie beginnen mit einer Kette aus 205 Luftmaschen. Die ersten drei Luftmaschen bilden die Randluftmaschen, Sie häkeln das erste Stäbchen in die vierte Luftmasche und arbeiten insgesamt 67 gefüllte Kästchen.
Dann häkeln Sie der Musterzeichnung entsprechend weiter. Die kleine Spitze am unteren Rand bildet sich durch Zu- und Abnahmen. Das Vorgehen ist im Lehrgang Filethäkelei zu Beginn des Buches beschrieben. Für den Stangendurchzug arbeiten Sie die Randlösung 1 (Lehrgang Filethäkelei).

Die fertige Gardine spannen, anfeuchten und trocknen lassen.

Schwanensee

Mit dieser hübschen Schwanengardine holen Sie Romantik in Ihre Wohnung.

Breite x Höhe:	62 cm x 66 cm
Material:	100 Gramm Häkelgarn Stärke 10 in Weiß 1 Häkelnadel Nr. 1,25

Muster auf Seite 56 im Musterteil

Diese Gardine wird quer von links nach rechts gehäkelt. Sie beginnen mit einer Kette aus 207 Luftmaschen. Die ersten drei Luftmaschen bilden die Randluftmaschen, Sie häkeln das erste Stäbchen in die vierte Luftmasche und arbeiten insgesamt 68 gefüllte Kästchen. Dann häkeln Sie der Musterzeichnung entsprechend weiter.
Das Häkeln des Stangendurchzuges am oberen Rand (Randlösung 1) ist im Lehrgang zur Filethäkelei am Anfang des Buches beschrieben.

Die fertige Gardine spannen, anfeuchten und trocknen lassen.

Tipp: Die Höhe lässt sich gut durch das Einfügen weiterer Reihen an Ihre Fenster anpassen.

Genial geometrisch

Breite x Höhe: 47 cm x 32 cm

Material: 50 Gramm Häkelgarn Stärke 10 in Weiß
                        1 Häkelnadel Nr. 1,25

Muster auf Seite 63 im Musterteil

Die obere Gardine wird von links nach rechts gehäkelt. Sie beginnen mit einer Kette aus 122 Luftmaschen. Die ersten drei Luftmaschen bilden die Randluftmaschen. Sie häkeln das erste Stäbchen in die vierte Luftmasche und arbeiten insgesamt 36 gefüllte Kästchen. Häkeln Sie nach der Musterzeichnung. Arbeiten Sie Randlösung 1.

Kleines Gardinchen

Breite x Höhe: 45 cm x 27 cm

Material: 50 Gramm Häkelgarn Stärke 10 in Weiß
                        1 Häkelnadel Nr. 1,25

Muster auf Seite 54 im Musterteil

Die untere Gardine wird von links nach rechts gehäkelt. Sie beginnen mit einer Kette aus 64 Luftmaschen. Die ersten drei Luftmaschen bilden die Randluftmaschen. Sie häkeln das erste Stäbchen in die vierte Luftmasche und arbeiten insgesamt 30 gefüllte Kästchen. Häkeln Sie nach der Musterzeichnung. Für die Bögen am unteren Rand werden Zu- und Abnahmen gearbeitet wie im Lehrgang Filethäkelei beschrieben. Arbeiten Sie die Randlösung 1.

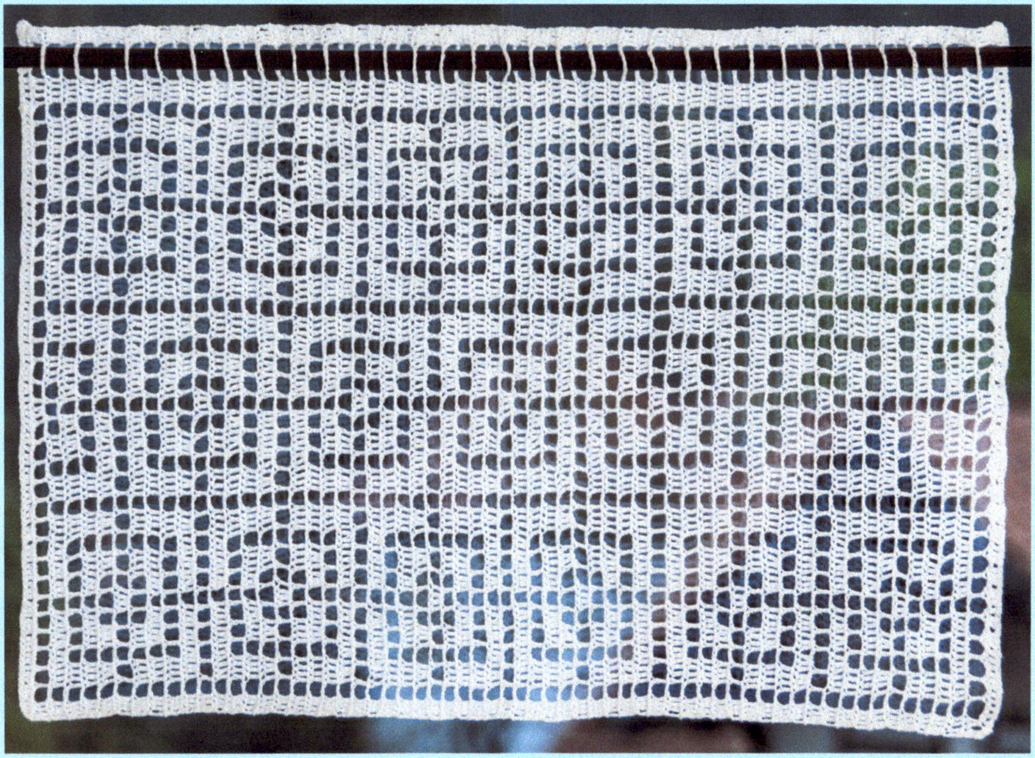

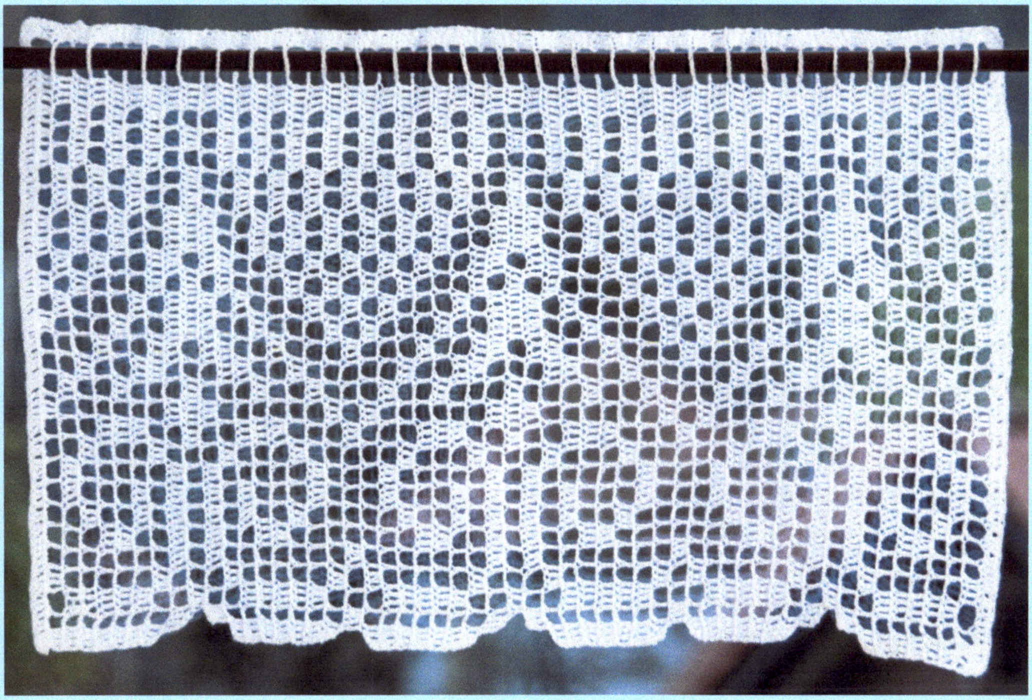

Meisterhaft

Für dieses wunderbare Modell brauchen Sie ein wenig Geduld. Doch der Aufwand lohnt sich.

Breite x Höhe: 69 cm x 44 cm

Material: 150 Gramm Häkelgarn Stärke 10 in Weiß
                           1 Häkelnadel Nr. 1,25

Muster auf Seite 60 im Musterteil

Diese Gardine wird von links nach rechts gehäkelt. Sie beginnen mit einer Kette aus 28 Luftmaschen. Die ersten drei Luftmaschen bilden die Randluftmaschen. Sie häkeln das erste Stäbchen in die vierte Luftmasche und arbeiten insgesamt 8 gefüllte Kästchen. Häkeln Sie nach der Musterzeichnung.
Für die Bögen am unteren Rand werden Zu- und Abnahmen gearbeitet wie im Lehrgang Filethäkelei beschrieben. Arbeiten Sie die Randlösung 1.

Die fertige Gardine spannen, anfeuchten und trocknen lassen.

Zauberhafte Zacken

Das hübsche Modell lässt sich ganz einfach an Ihr Fenster anpassen. Sie können nach oben Reihen hinzufügen und die Breite durch Einfügen ganzer Mustersätze verändern.

Breite x Höhe: 66 cm x 37 cm

Material: 100 Gramm Häkelgarn Stärke 10 in Weiß
                        1 Häkelnadel Nr. 1,25

Muster auf Seite 59 im Musterteil

Diese Gardine wird quer von links nach rechts gehäkelt. Sie beginnen mit einer Kette aus 115 Luftmaschen. Die ersten drei Luftmaschen bilden die Randluftmaschen, Sie häkeln das erste Stäbchen in die vierte Luftmasche und arbeiten insgesamt 37 gefüllte Kästchen. Dann häkeln Sie der Musterzeichnung entsprechend weiter.
Für die Zacken am unteren Rand werden Zu- und Abnahmen gearbeitet wie im Lehrgang Filethäkelei beschrieben. Es wird die Randlösung 1 gearbeitet, (siehe Lehrgang Filethäkelei).

Die fertige Gardine spannen, anfeuchten und trocknen lassen.

Blumengardine

Das ist die Gardine für alle, die von Blumen nie genug haben können.

Breite x Höhe: 53 cm x 47 cm

Material: 100 Gramm Häkelgarn Stärke 10 in Weiß
                    1 Häkelnadel Nr. 1,25

Muster auf Seite 62 im Musterteil

Die Gardine wird quer von links nach rechts gehäkelt. Sie beginnen mit einer Kette aus 157 Luftmaschen. Die ersten drei Luftmaschen bilden die Randluftmaschen, Sie häkeln das erste Stäbchen in die vierte Luftmasche und arbeiten insgesamt 65 gefüllte Kästchen. Dann häkeln Sie die Gardine von links nach rechts entsprechend der Musterzeichnung weiter. Für die Bögen am unteren Rand werden Zu- und Abnahmen gearbeitet wie im Lehrgang Filethäkelei beschrieben.
Für den Stangendurchzug arbeiten Sie die Randlösung 1.

Die fertige Gardine spannen, anfeuchten und trocknen lassen.

Tipp: Sie können die Blumengardine natürlich auch in Rosa, Gelb, Hellblau und allen Blumenfarben häkeln.

Zwei süße Spatzen

Die kleine Spatzengardine passt perfekt ins Kinderzimmer! Auch in Gelb oder Hellblau sieht sie toll aus.

Breite x Höhe:	63 cm x 39 cm
Material:	100 g Häkelgarn Stärke 10 in Weiß Häkelnadel Nr. 1,25

Muster auf Seite 63 im Musterteil

Diese Gardine wird quer von links nach rechts gehäkelt. Sie beginnen mit einer Kette aus 133 Luftmaschen. Die ersten drei Luftmaschen bilden die Randluftmaschen, Sie häkeln das erste Stäbchen in die vierte Luftmasche und arbeiten insgesamt 43 gefüllte Kästchen. Dann häkeln Sie der Musterzeichnung entsprechend weiter.
Das Häkeln des Stangendurchzuges am oberen Rand (Randlösung 1) ist im Lehrgang zur Filethäkelei am Anfang des Buches beschrieben.

Die fertige Gardine spannen, anfeuchten und trocknen lassen.

Herzbordüre

Die kleine Herzbordüre ist schnell gehäkelt.

Breite x Höhe: 74 cm x 26 cm

Material: 100 Gramm Häkelgarn Stärke 10 in Weiß
                   1 Häkelnadel Nr. 1,25

Muster auf Seite 52 im Musterteil.

Diese Gardine wird quer von links nach rechts gehäkelt. Sie beginnen mit einer Kette aus 76 Luftmaschen. Die ersten drei Luftmaschen bilden die Randluftmaschen, Sie häkeln das erste Stäbchen in die vierte Luftmasche und arbeiten insgesamt 24 gefüllte Kästchen.
Dann häkeln Sie der Musterzeichnung entsprechend weiter. Die kleinen Bögen am unteren Rand bilden sich durch Zu- und Abnahmen wie im Lehrgang Filethäkelei beschrieben. Für den Stangendurchzug am oberen Rand arbeiten Sie die Randlösung 1 (siehe Lehrgang Filethäkelei).

Die fertige Gardine spannen, anfeuchten und trocknen lassen.

Herzblüten

Erkennen Sie die Herzen des vorigen Modells in dieser Gardine wieder?

Breite x Höhe: 85 cm x 37 cm

Material: 150 Gramm Häkelgarn Stärke 10 in Weiß
                    1 Häkelnadel Nr. 1,25

Muster auf Seite 53 im Musterteil.

Diese Gardine wird quer von links nach rechts gehäkelt. Sie beginnen mit einer Kette aus 118 Luftmaschen. Die ersten drei Luftmaschen bilden die Randluftmaschen. Sie häkeln das erste Stäbchen in die vierte Luftmasche und arbeiten insgesamt 38 gefüllte Kästchen. Dann häkeln Sie die Gardine von links nach rechts der Musterzeichnung entsprechend weiter.
Für den Stangendurchzug am oberen Rand arbeiten Sie die Randlösung 1 (siehe Lehrgang Filethäkelei).

Die fertige Gardine spannen, anfeuchten und trocknen lassen.

Romantik pur

Dieses Modell zieht die Blicke Ihrer Gäste ganz sicher an.

Breite x Höhe: 70 cm x 40 cm

Material: 100 Gramm Häkelgarn Stärke 10 in Weiß
                   1 Häkelnadel Nr. 1,25

Muster auf Seite 55 im Musterteil.

Diese Gardine wird quer von links nach rechts gehäkelt. Sie beginnen mit einer Kette aus 109 Luftmaschen. Die ersten drei Luftmaschen bilden die Randluftmaschen. Sie häkeln das erste Stäbchen in die vierte Luftmasche und arbeiten insgesamt 35 gefüllte Kästchen. Dann häkeln Sie die Gardine von links nach rechts der Musterzeichnung entsprechend weiter.
Die Bögen am unteren Rand bilden sich durch Zu- und Abnahmen. Das Vorgehen ist im Lehrgang Filethäkelei am Anfang des Buches beschrieben. Für den Stangendurchzug am oberen Rand arbeiten Sie die Randlösung 1 (siehe Lehrgang Filethäkelei).

Die fertige Gardine spannen, anfeuchten und trocknen lassen.

Ein Spitzenmodell

Dieses Modell schmückt jeden Raum. Es eignet sich ausgezeichnet für alle kleinen Fenster.

Breite x Höhe: 59 cm x 43 cm

Material: 100 Gramm Häkelgarn Stärke 10 in Weiß
                          Häkelnadel Nr. 1,25

Muster auf Seite 57 im Musterteil.

Diese Gardine wird quer von links nach rechts gehäkelt. Sie beginnen mit einer Kette aus 56 Luftmaschen. Die ersten drei Luftmaschen bilden die Randluftmaschen. Sie häkeln das erste Stäbchen in die vierte Luftmasche und arbeiten insgesamt 14 gefüllte Kästchen. Dann häkeln Sie die Gardine von links nach rechts der Musterzeichnung entsprechend weiter.
Die dreieckige Form bildet sich durch Zu- und Abnahmen. Das Vorgehen ist im Lehrgang Filethäkelei am Anfang des Buches beschrieben.
Für den Stangendurchzug am oberen Rand arbeiten Sie die Randlösung 1 (siehe Lehrgang Filethäkelei).

Die fertige Gardine spannen, anfeuchten und trocknen lassen.

Einfach und doch sehr wirkungsvoll

Ganz schnell haben Sie dieses Modell fertig! Mit der klaren geometrischen Musterung passt es in jedes Zimmer.

Breite x Höhe: 61 cm x 31 cm

Material: 100 Gramm Häkelgarn Stärke 10 in Weiß
                        1 Häkelnadel Nr. 1,25

Muster auf Seite 51 im Musterteil.

Diese Gardine wird quer von links nach rechts gehäkelt. Sie beginnen mit einer Kette aus 103 Luftmaschen. Die ersten drei Luftmaschen bilden die Randluftmaschen. Sie häkeln das erste Stäbchen in die vierte Luftmasche und arbeiten insgesamt 33 gefüllte Kästchen. Dann häkeln Sie die Gardine von links nach rechts der Musterzeichnung entsprechend.
Für den Stangendurchzug am oberen Rand arbeiten Sie die Randlösung 1 (siehe Lehrgang Filethäkelei).

Die fertige Gardine spannen, anfeuchten und trocknen lassen.

Tipp: Diese Gardine entfaltet ihre Wirkung in vielen Farben. Verwenden Sie einfach Ihre Lieblingsfarbe.

Lieblingsgardine für Jungs

Alle Jungs werden dieses Kinderzimmermodell lieben! Da macht das Spielen gleich noch mehr Spaß.

Breite x Höhe: 64 cm x 50 cm

Material: 100 Gramm Häkelgarn Stärke 12 in creme
                         1 Häkelnadel Nr. 1,50

Muster auf Seite 64 im Musterteil.

Die Gardine wird quer von links nach rechts gehäkelt. Sie beginnen mit einer Kette aus 175 Luftmaschen. Die ersten drei Luftmaschen bilden die Randluftmaschen. Sie häkeln das erste Stäbchen in die vierte Luftmasche und arbeiten insgesamt 57 gefüllte Kästchen.
Für den Stangendurchzug am oberen Rand arbeiten Sie die Randlösung 1 (siehe Lehrgang Filethäkelei).

Die fertige Gardine spannen, anfeuchten und trocknen lassen.

Dekorative Ornamentik

Die entzückende schmale Scheibengardine wird zum Blickfang in jeder Wohnung. Sie können es durch Einfügen weiterer Mustersätze in der Breite verändern.

Breite x Höhe: 40 cm x 74 cm

Material: 100 Gramm Häkelgarn Stärke 10 in Weiß
                    1 Häkelnadel Nr. 1,25

Muster auf Seite 65 im Musterteil.

Diese Gardine wird quer von links nach rechts gehäkelt. Sie beginnen mit einer Kette aus 241 Luftmaschen. Die ersten drei Luftmaschen bilden die Randluftmaschen. Sie häkeln das erste Stäbchen in die vierte Luftmasche und arbeiten insgesamt 79 gefüllte Kästchen. Dann häkeln Sie die Gardine von links nach rechts der Musterzeichnung entsprechend.
Für den Stangendurchzug am oberen Rand arbeiten Sie die Randlösung 1 (siehe Lehrgang Filethäkelei).

Die fertige Gardine spannen, anfeuchten und trocknen lassen.

Lustige Hühnerschar

Breite x Höhe: 67 cm x 28 cm
Material: 75 Gramm Häkelgarn Stärke 10 in Weiß
                   1 Häkelnadel Nr. 1,25

Muster auf Seite 54 im Musterteil.

Die obere Gardine wird von links nach rechts gehäkelt. Sie beginnen mit einer Kette aus 94 Luftmaschen. Die ersten drei Luftmaschen bilden die Randluftmaschen. Sie häkeln das erste Stäbchen in die vierte Luftmasche und arbeiten 30 gefüllte Kästchen. Für die unteren Bögen häkeln Sie Zu- und Abnahmen wie im Lehrgang Filethäkelei beschrieben. Für den Stangendurchzug am oberen Rand arbeiten Sie die Randlösung 1.

Wellenmuster

Dieses Muster lässt sich in der Breite gut variieren.

Breite x Höhe: 45 cm x 24 cm
Material: 50 Gramm Häkelgarn Stärke 10 in Weiß
                   1 Häkelnadel Nr. 1,25

Muster auf Seite 50 im Musterteil.

Die untere Gardine wird quer von links nach rechts gehäkelt. Sie beginnen mit einer Kette aus 79 Luftmaschen. Die ersten drei Luftmaschen bilden die Randluftmaschen. Sie häkeln das erste Stäbchen in die vierte Luftmasche und arbeiten insgesamt 25 gefüllte Kästchen. Für den Stangendurchzug am oberen Rand arbeiten Sie die Randlösung 2 (siehe Lehrgang Filethäkelei).

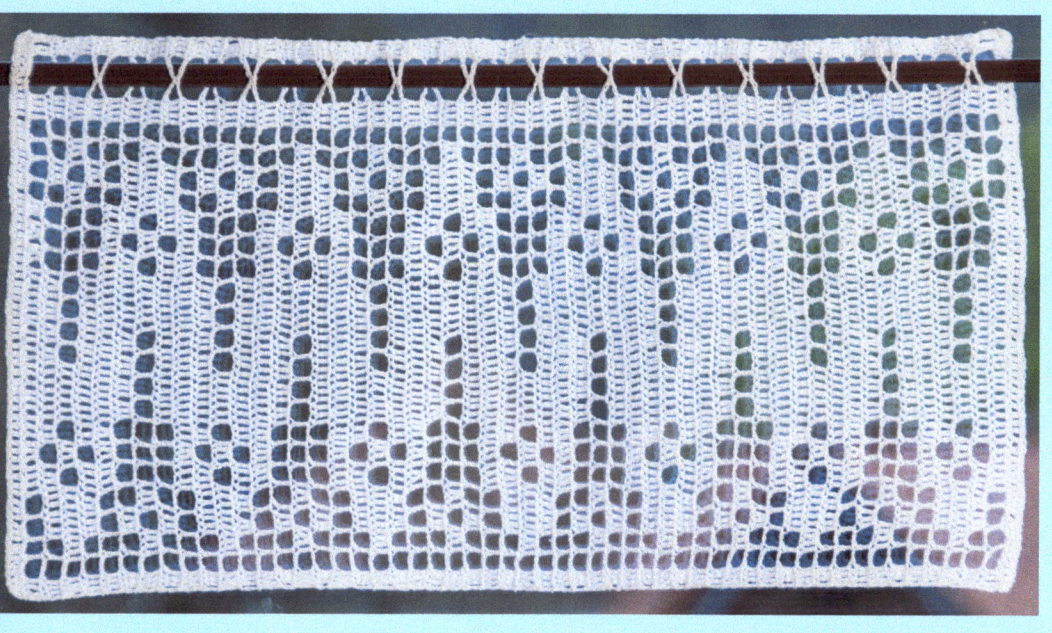

Und was wird aus den Resten?

Wer gern und viel häkelt, hat irgendwann einen ganzen Korb voller Restknäule. Auf den folgenden Seiten finden Sie zwei Mini-Gardinen, deren Länge Sie nach Belieben verändern können und zwei dekorative Borten.

Musterzeichnungen auf Seite 50

Linke Borte, Breite 14 cm: Sie beginnen mit einer Kette aus 45 Luftmaschen. Die ersten drei Luftmaschen bilden die Randluftmaschen. Häkeln Sie das erste Stäbchen in die vierte Luftmasche und arbeiten Sie 14 gefüllte Kästchen. Arbeiten Sie nach Musterzeichnung bis Sie die gewünschte Länge erreicht haben.

Rechte Borte, Breite 14 cm: Sie beginnen mit einer Kette aus 45 Luftmaschen. Die ersten drei Luftmaschen bilden die Randluftmaschen. Häkeln Sie das erste Stäbchen in die vierte Luftmasche und arbeiten Sie 14 gefüllte Kästchen. Arbeiten Sie nach Musterzeichnung bis Sie die gewünschte Länge erreicht haben.

Die fertigen Borten spannen, anfeuchten und trocknen lassen. Die angegebenen Breiten beziehen sich auf die Verwendung von Häkelgarn Stärke 10. Arbeiten Sie die Borten so lang Sie möchten. Die finden Verwendung als Regalborte oder als dekorativer Rand an Handtüchern, Vorhängen und Rollos.

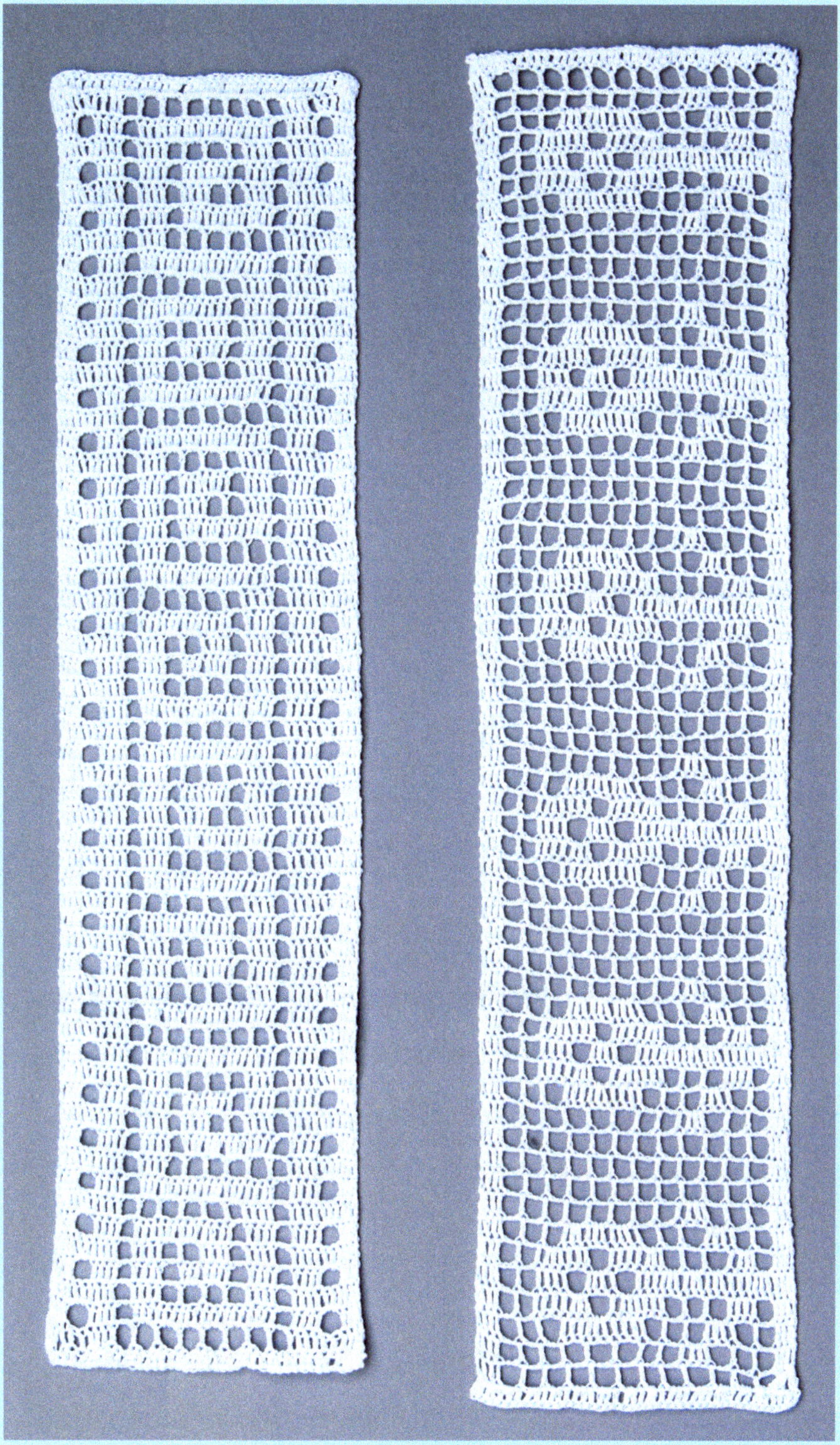

Musterteil

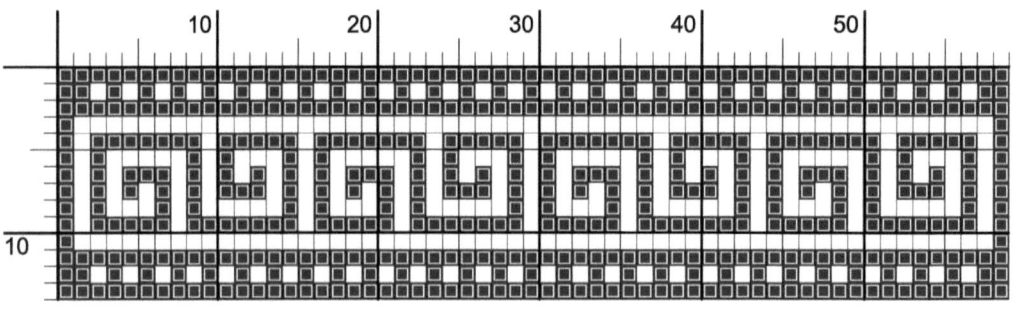

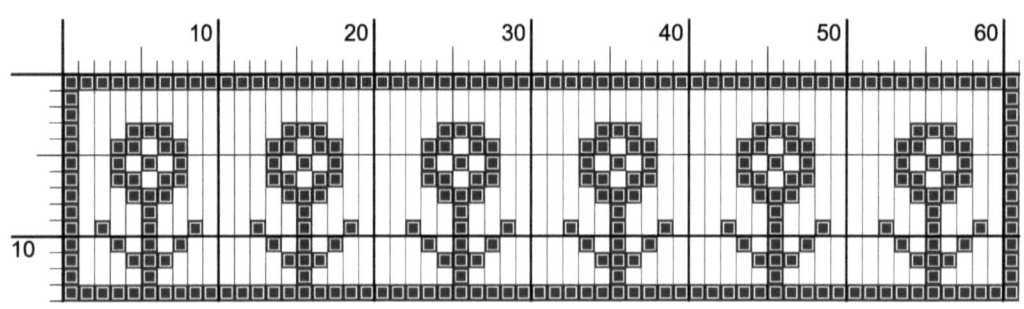

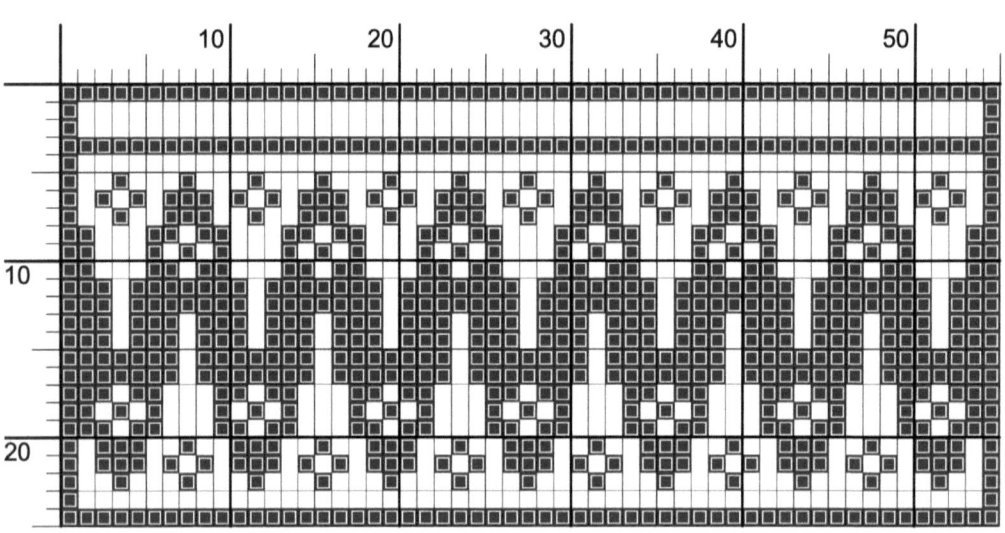

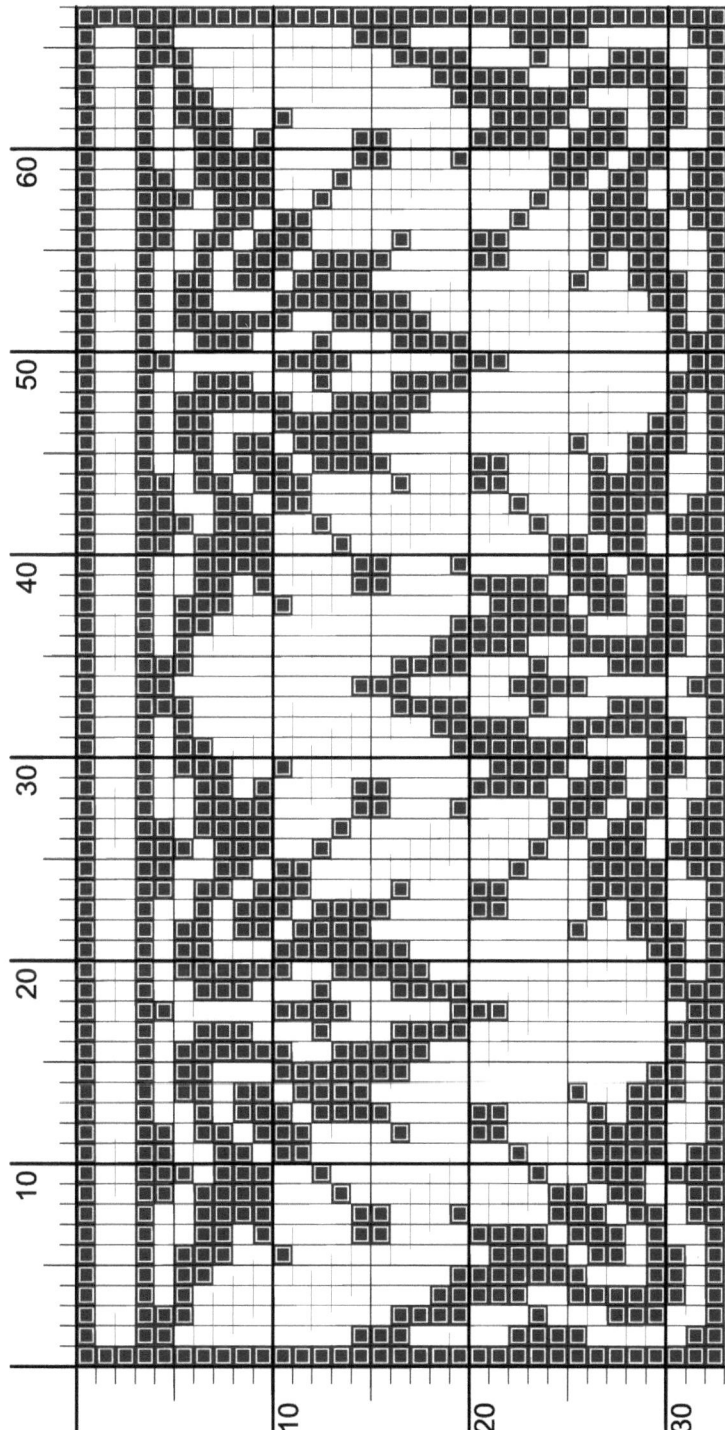

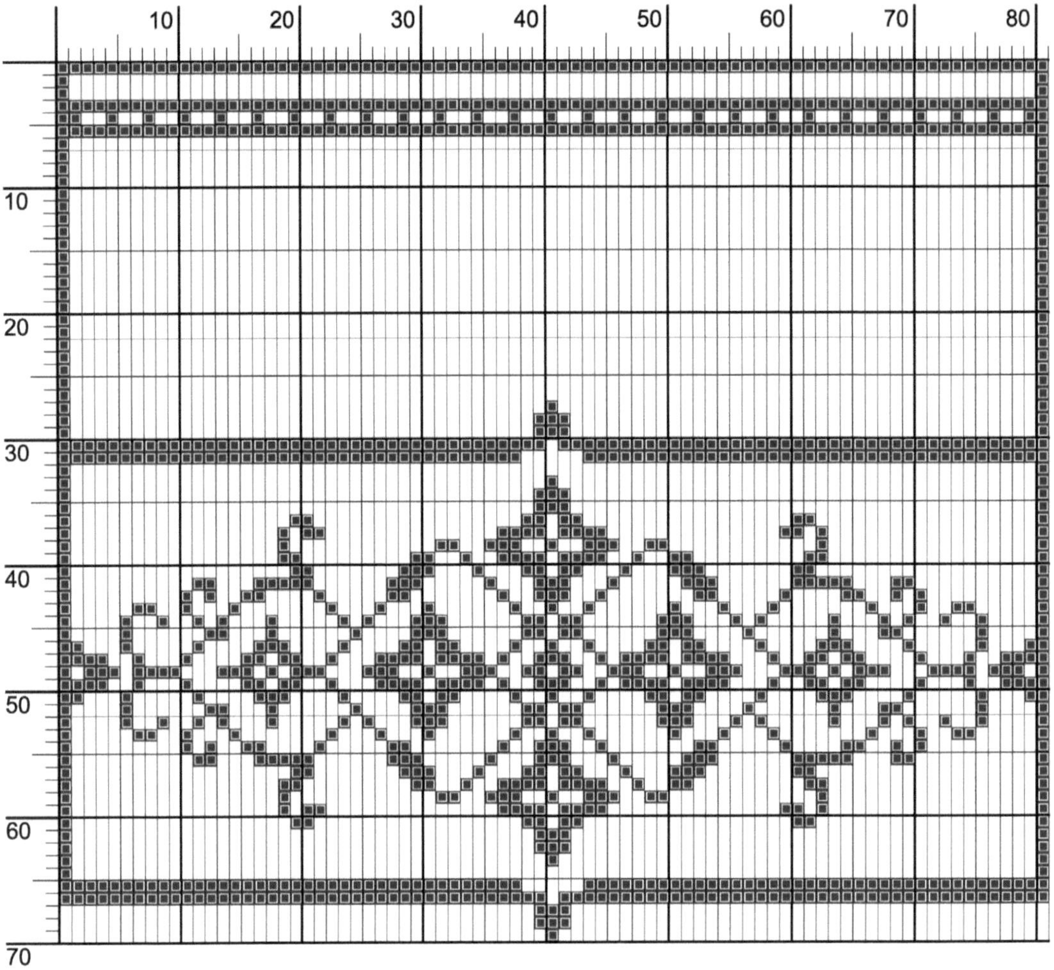
10 20 30 40 50 60 70 80
10 20 30 40 50 60 70

10 20 30 40 50 60 70 80
10 20

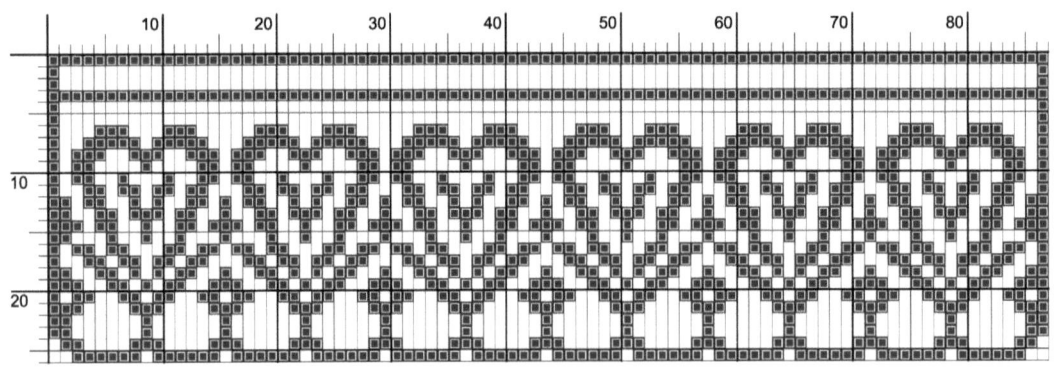

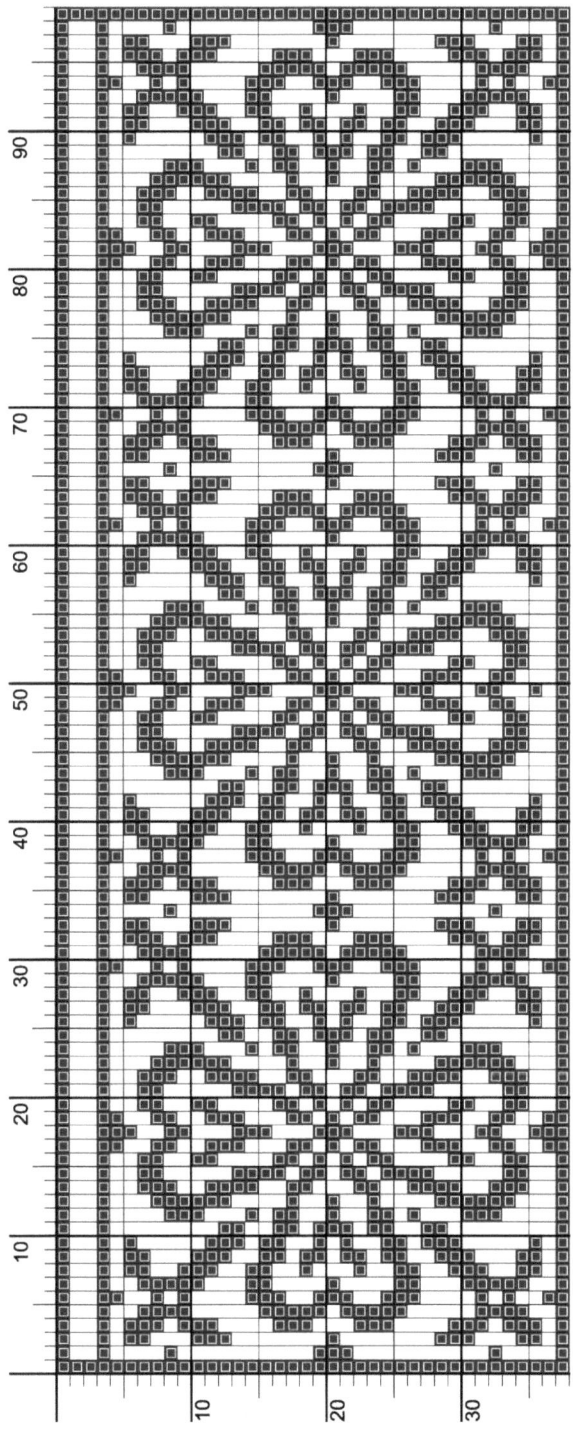

53

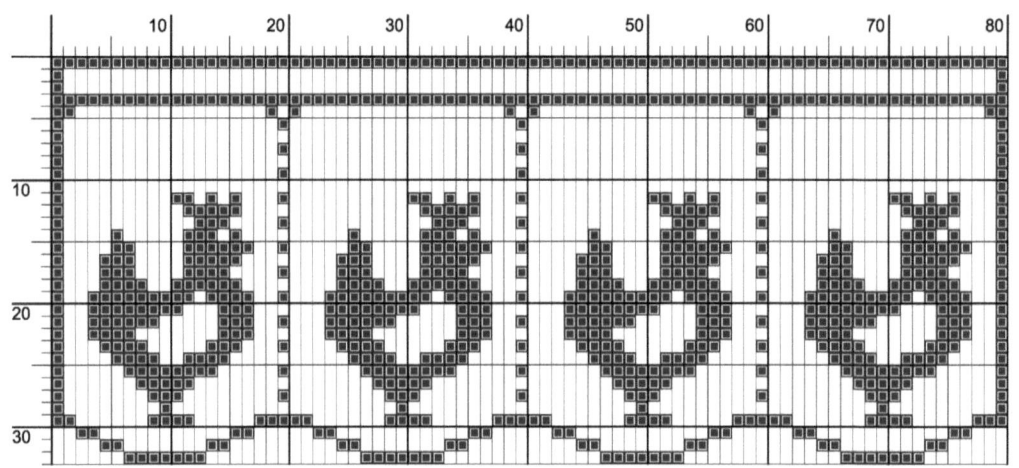

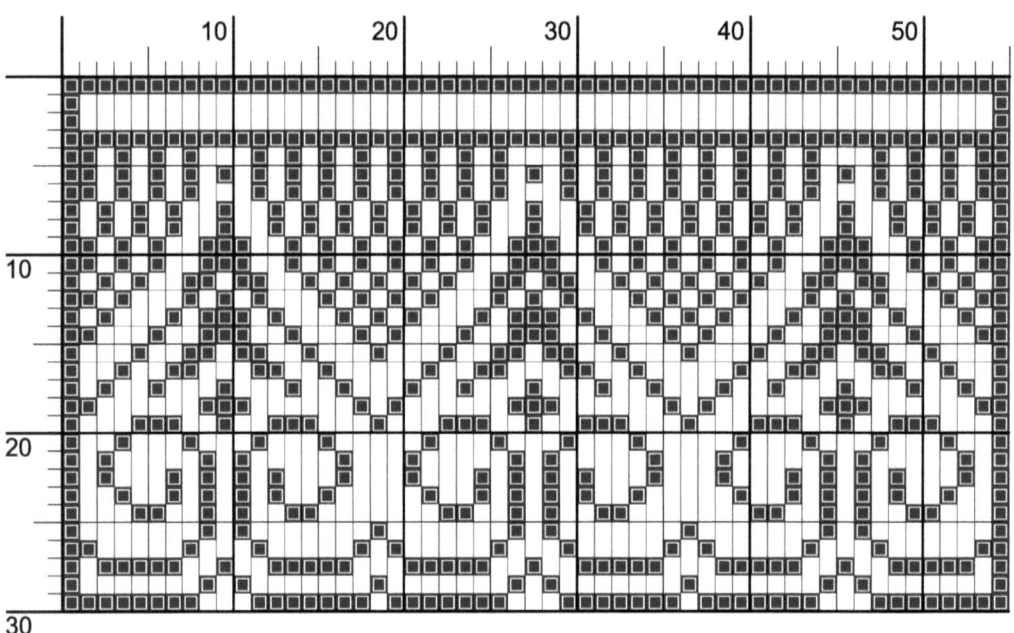

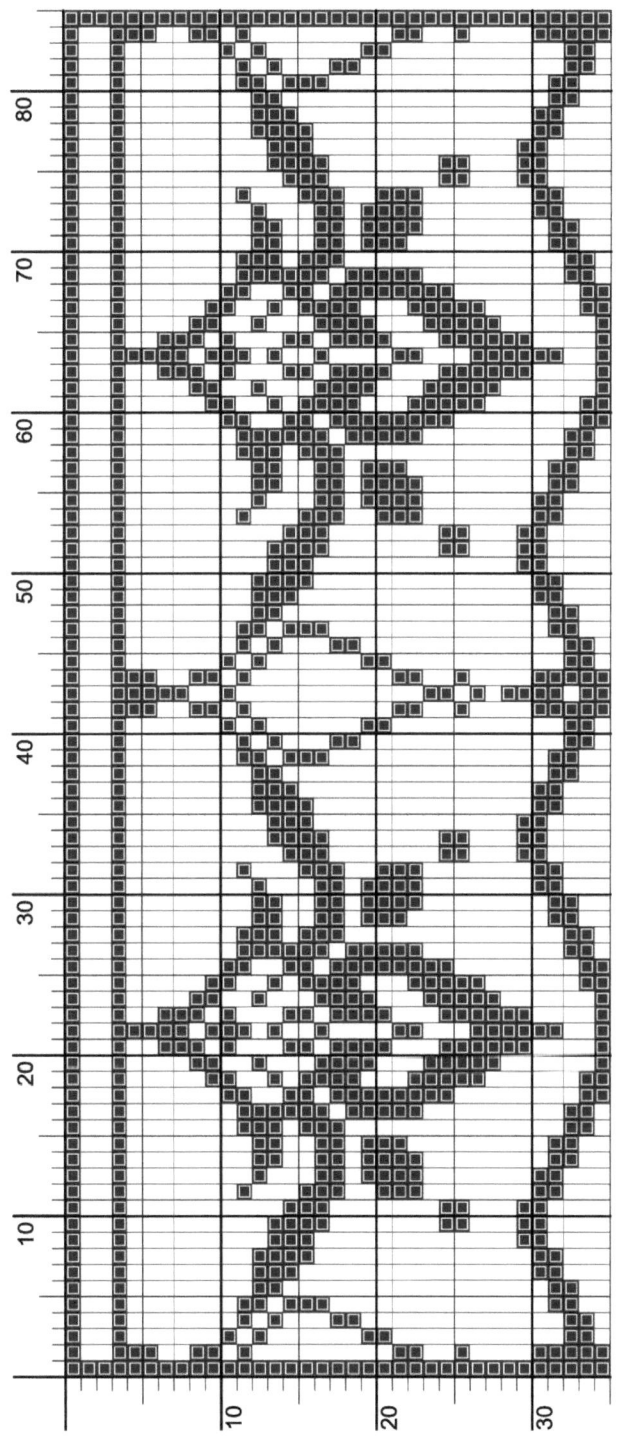

55

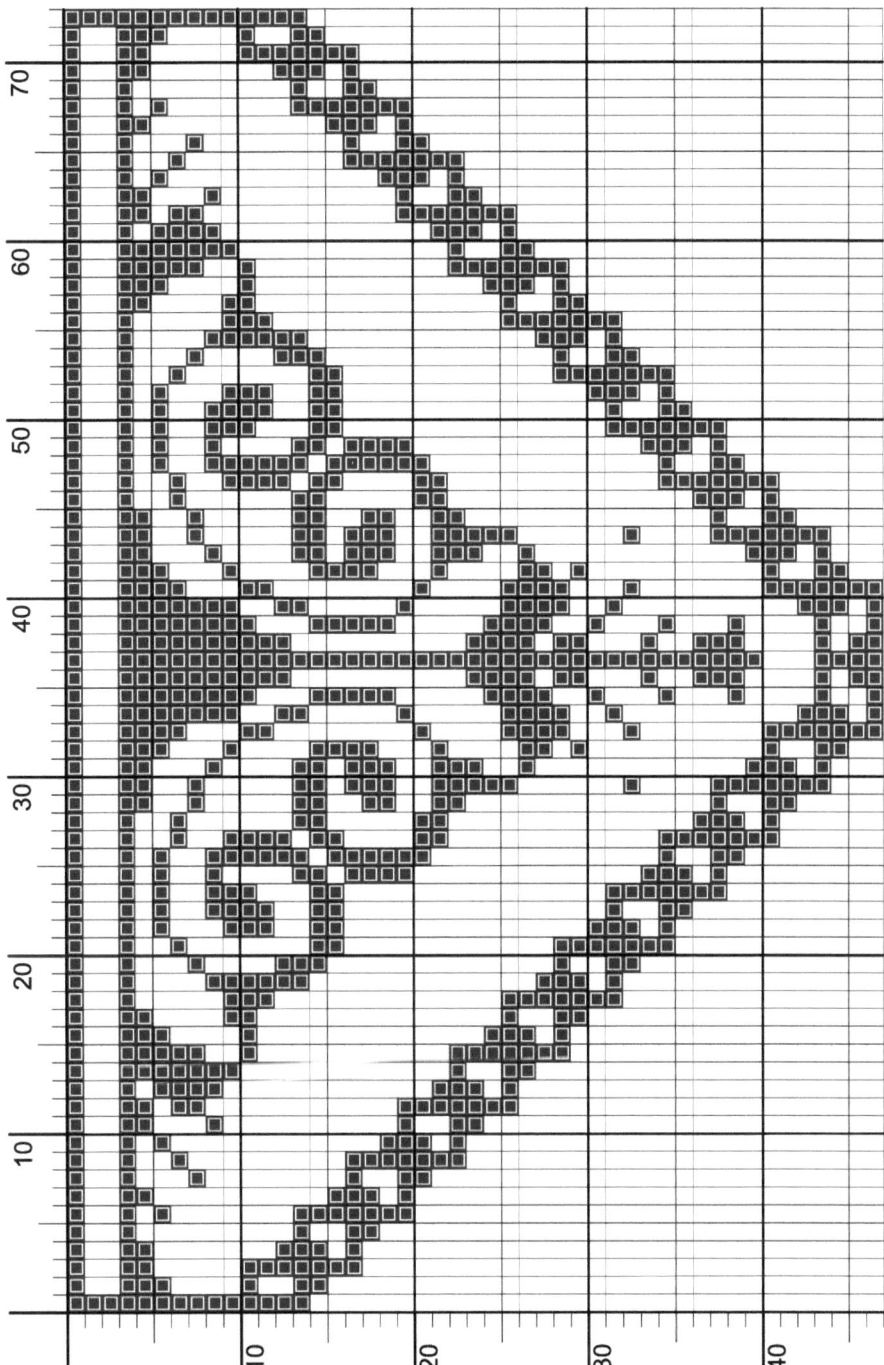

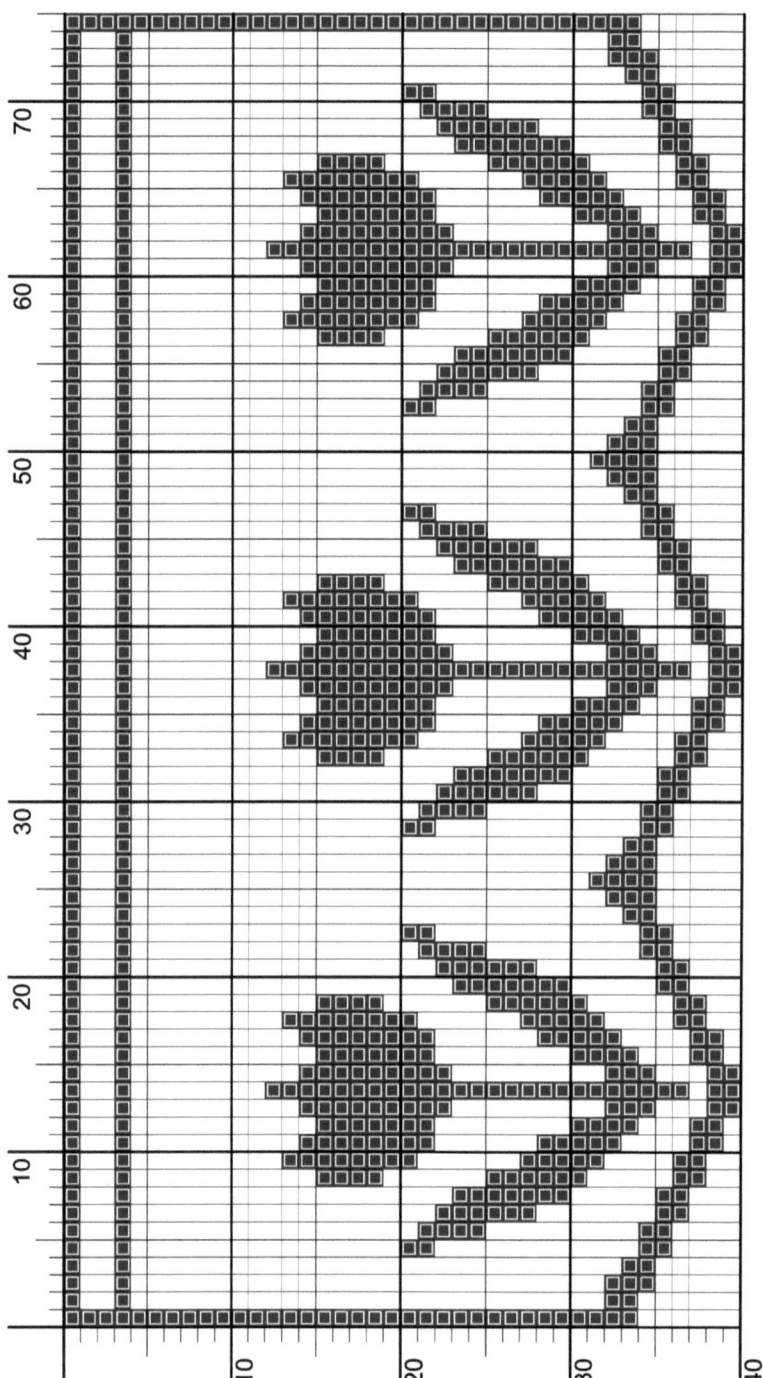

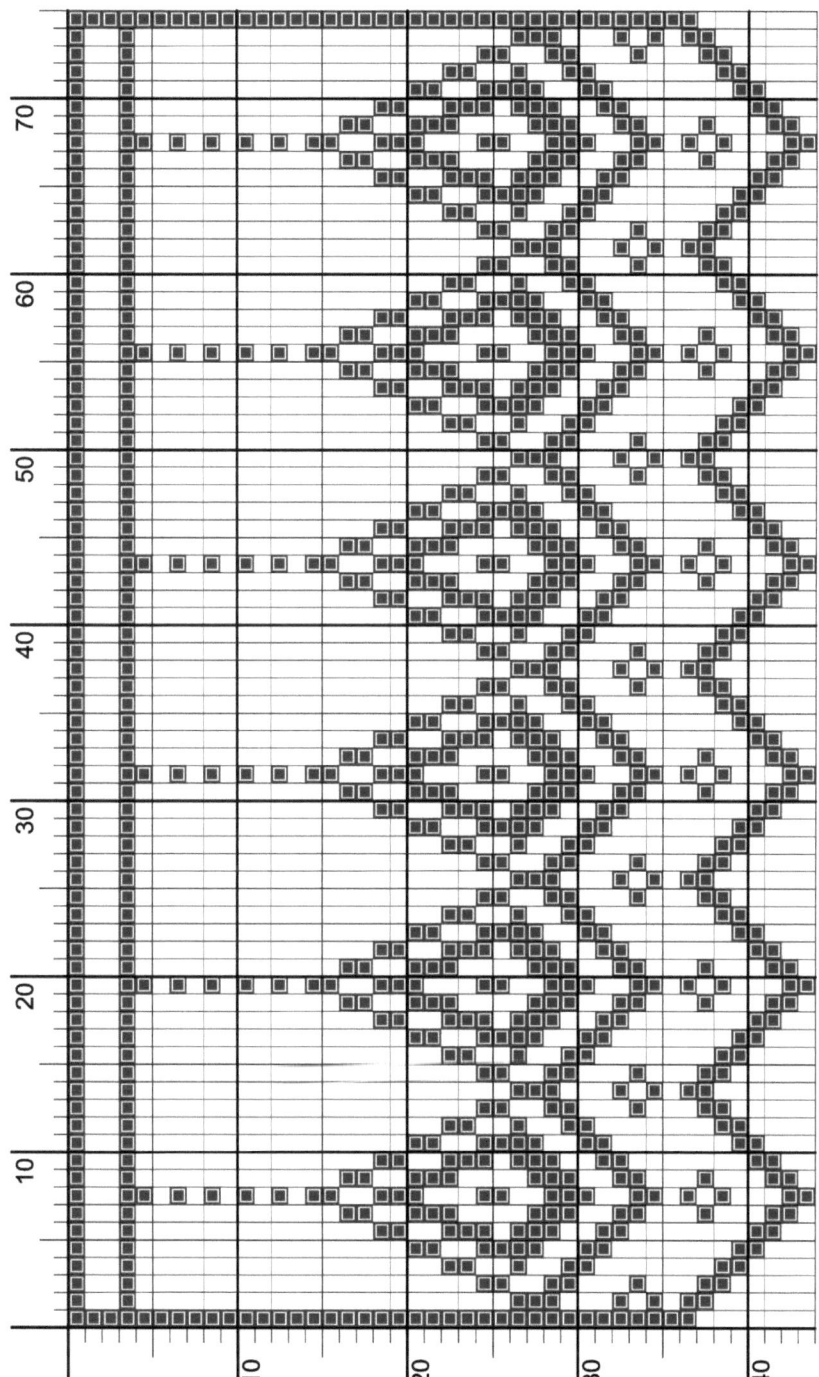

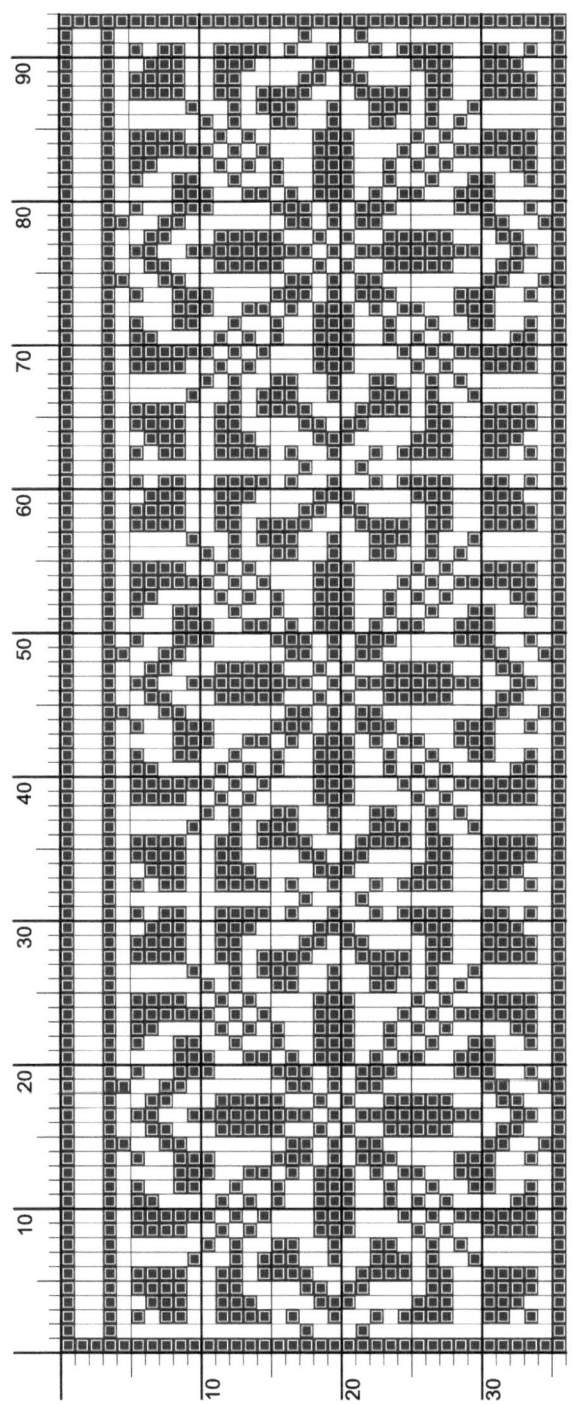

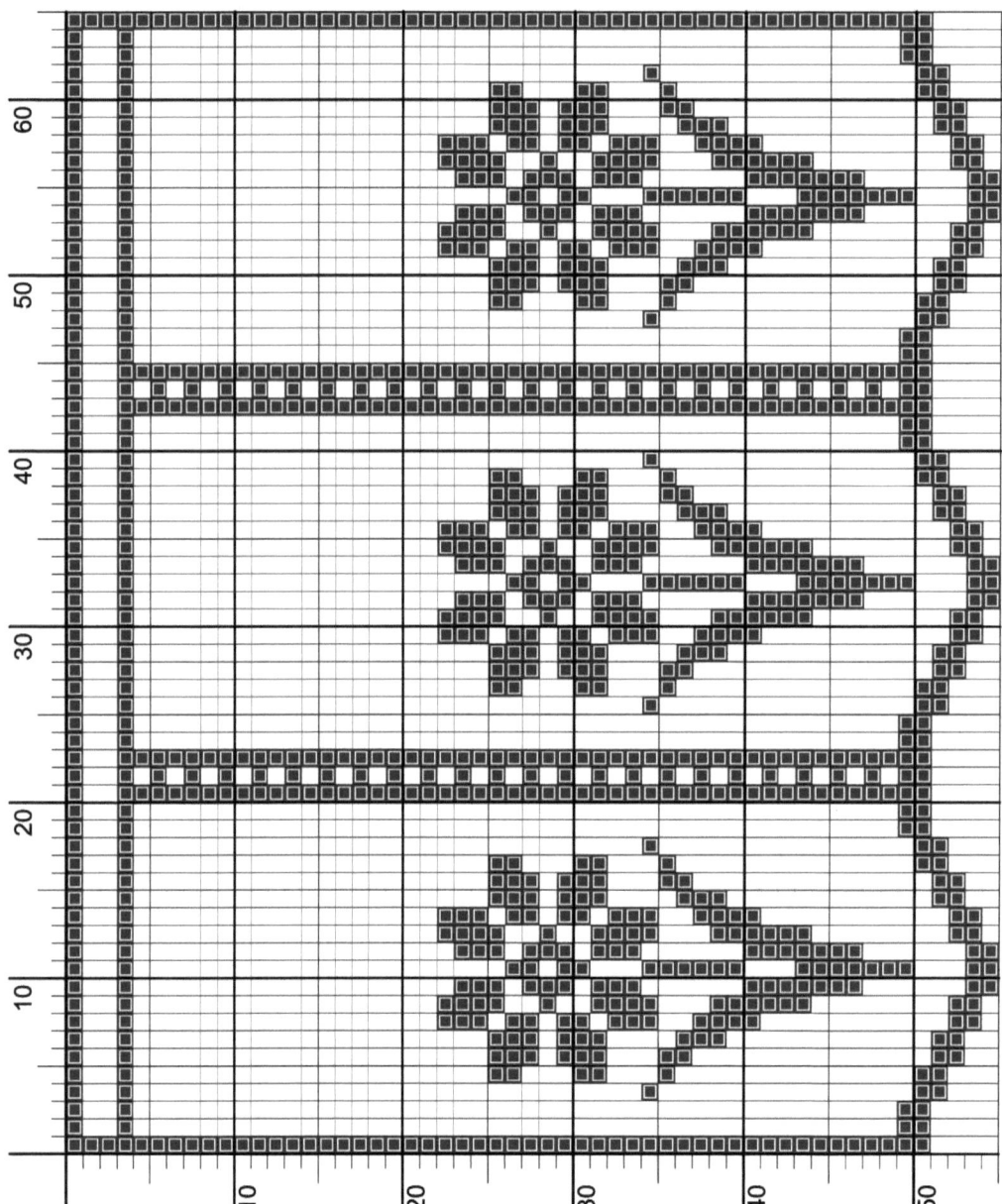

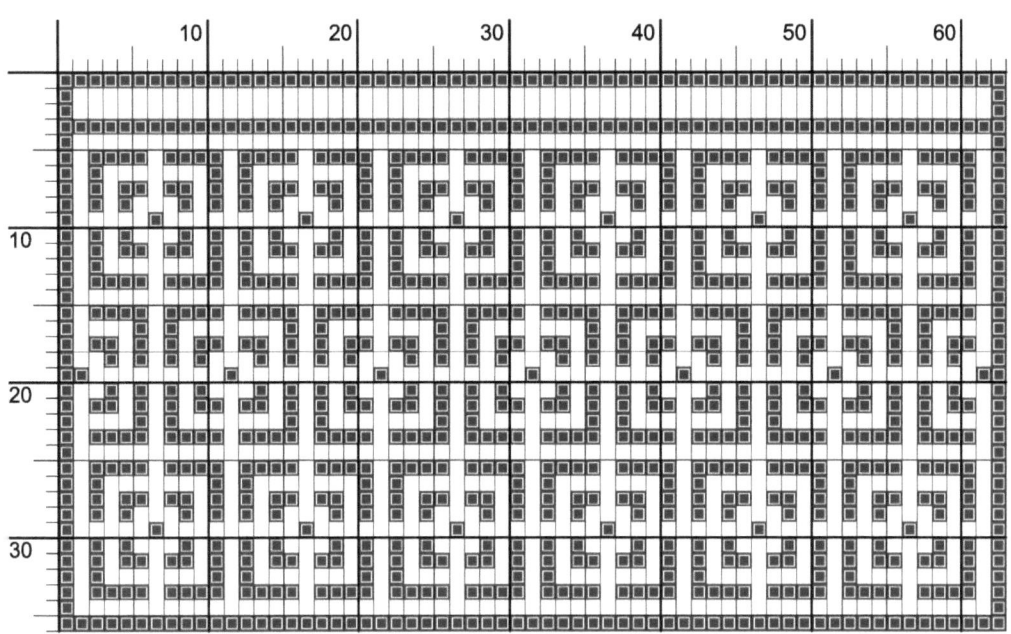

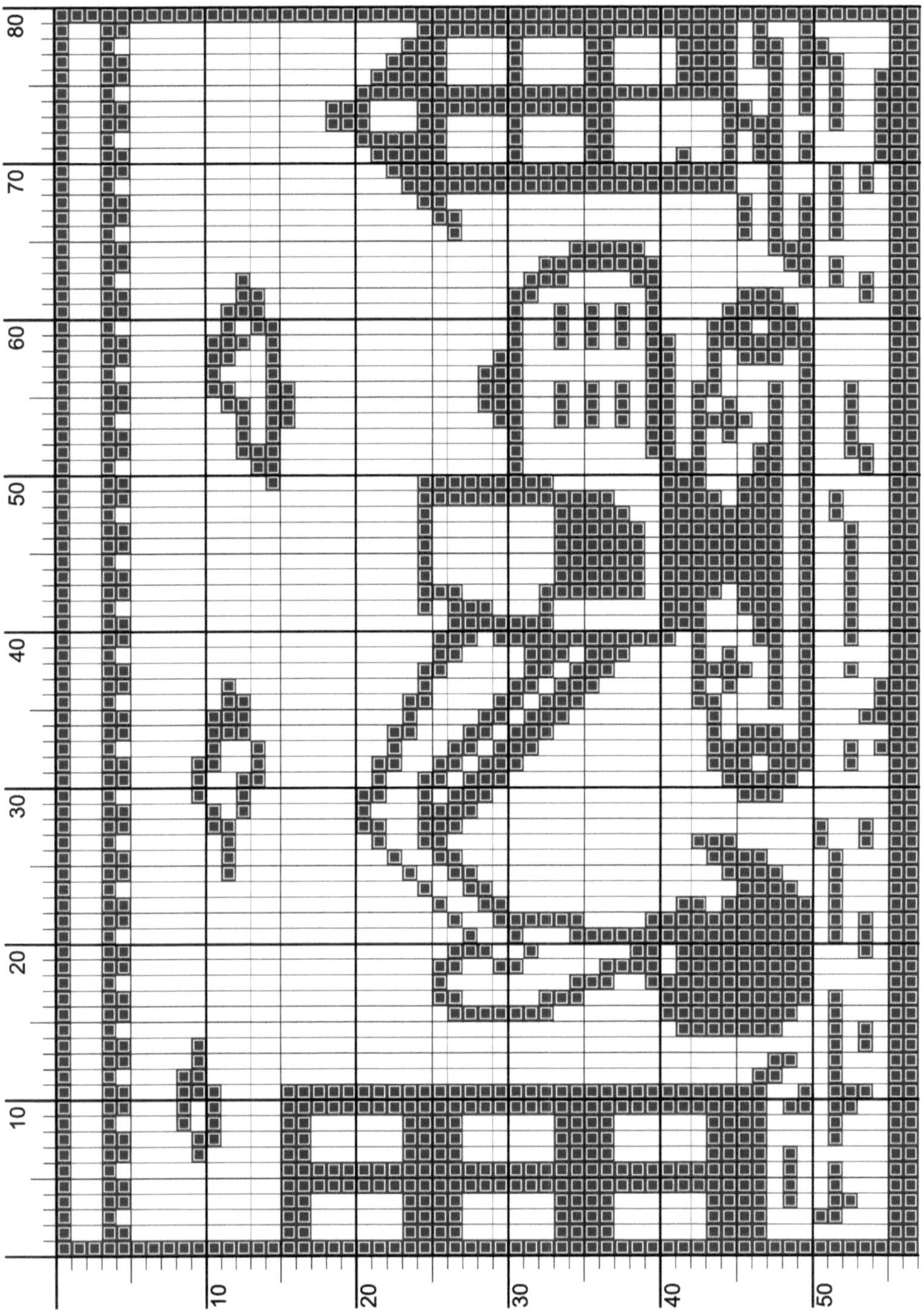
10
20
30
40
50
60
70
80
10
20
30
40
50

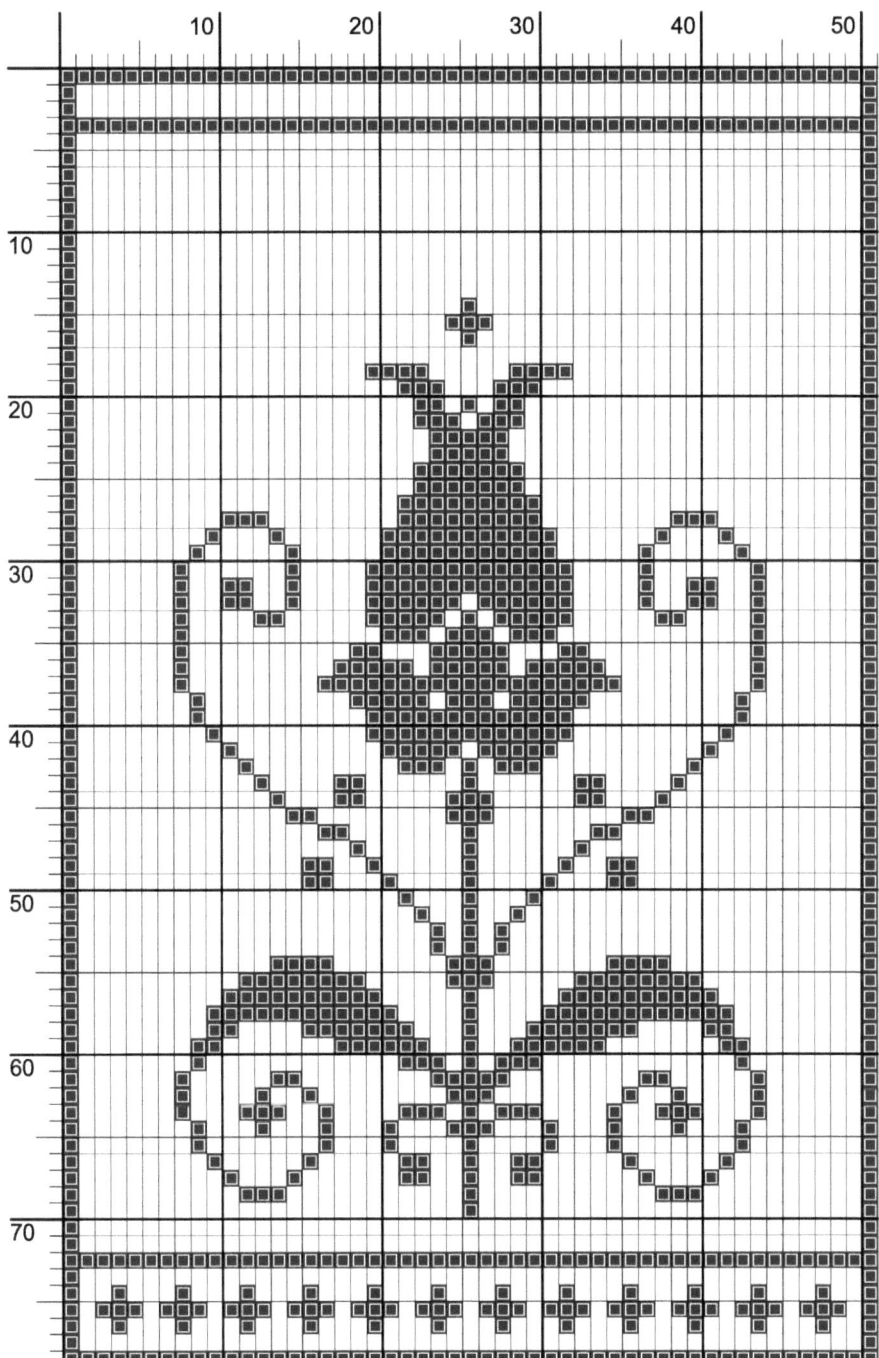

Noch mehr Häkelideen

Das Handpuppenhäkelbuch 1, Elke Selke 2021
70 S.,   ISBN 979-506278009

Das Handpuppenhäkelbuch 2 - Tierfiguren, Elke Selke 2022
76 S.,   ISBN 979-8444832790

Das Weihnachtskrippenhäkelbuch, Elke Selke 2021
84 S., ISBN 979- 8545183395

Gehäkelte Gardinen, Elke Selke 2017
80 S., ISBN 978-3744812924

Gehäkelte Gardinen 2, Elke Selke 2011
80 S., ISBN 978-3842384934

Gehäkelte Gardinen 3, Elke Selke 2013
72 S., ISBN 978-3732238164

Gehäkelte Gardinen 4, Elke Selke 2017
68 S., ISBN 978-3744836562

Gehäkelte Gardinen 5, Elke Selke 2018
68 S., ISBN 978-3752806441

Gehäkelte Gardinen 6, Elke Selke 2021
68 S., ISBN 978-3751908436

Gehäkelte Gardinen spezial - Landleben, Elke Selke 2022
72 Seiten, ISBN 979-8479133923

Impressum

Dieses Werk einschließlich aller seiner Teile ist urheberrechtlich geschützt.

Jede Verwertung außerhalb des Urheberrechtsgesetzes ist ohne Zustimmung der Autorin unzulässig und strafbar. Das gilt insbesondere für Vervielfältigungen, Übersetzungen, Mikroverfilmungen sowie die Einspeicherung und Verarbeitung in elektronischen Systemen.

Es ist daher nicht gestattet, Abbildungen dieses Buches zu scannen, in PCs oder auf CDs zu speichern bzw. zu verändern oder einzeln oder zusammen mit anderen Bildvorlagen zu manipulieren – es sei denn, mit Genehmigung der Autorin.

Die im Buch veröffentlichten Anleitungen, Muster und Tipps wurden sorgfältig erarbeitet und geprüft. Eine Garantie kann dennoch nicht übernommen werden, ebenso ist eine Haftung der Autorin für Personen-, Sach- und Vermögensschäden ausgeschlossen.

Jede gewerbliche Nutzung der Arbeiten und Entwürfe ist nur mit Genehmigung der Autorin gestattet. Bei der Anwendung im Unterricht ist auf dieses Buch hinzuweisen.

© 2022 Elke Selke
Verlag: BoD · Books on Demand GmbH, Überseering 33,
22297 Hamburg, bod@bod.de
Druck: Libri Plureos GmbH, Friedensallee 273, 22763 Hamburg
ISBN: 978-3-7568-2939-2